Vom Uhu Moritz
und anderen Tieren der Heimat

Gewidmet

meiner Frau Allmut

und ihren Geschwistern,

die in Jena aufgewachsen sind,

Heimatleseheft Jena Nr. 1

Vom Uhu Moritz

und anderen Tieren der Heimat

Von

Gertrud Staudte

und Albert Böhm

Herausgeber:

Rat der Stadt Jena – Abt. Volksbildung

1956

Bearbeitet und herausgegeben von

© Wolfgang Buddrus, November 2021

Herstellung und Verlag:

BoD – Books on Demand, Norderstedt

ISBN 9783755726234

AUF ENTDECKUNGEN IN FRIEDRICHSTANNECK

Familie Star zieht aus

Die Kinder von Familie Star im Apfelbaum im grünen Park von Friedrichstanneck sind flügge. Die blauschwarzgefiederte Familie zieht aus.

„Das muß man gesehen haben", piept es munter aus einem benachbarten Nistkasten, „denn wir sind auch bald so weit". Aufgeregt drängen sich die neugierigen Starenkinder um das Schlupfloch und vergessen vor Staunen über die unternehmungslustigen Nachbarn vom Apfelbaum, nach der fetten, grünen Raupe zu langen, die ihnen die Mutter vorhält.

Stolz blickt der Vater Star vom Apfelbaum auf seine Sprößlinge, ein wenig besorgt die Vogelmutter. „Werden sie kräftig genug sein für die große, weite Welt?" flötet sie. „Ei freilich, wir haben sie doch tüchtig geatzt." Vater Star hat recht.

Unermüdlich waren die beiden Altvögel hin und her geflügelt, um die ständig weit geöffneten Schnäbelchen der Jungen zu stopfen. Raupen, Insekten, Schnecken, Würmchen, was sie erhaschen konnten, schleppten sie herbe in ihre Bruthöhle im Stamm des alten Apfelbaumes.

Ein ganz besonderer Park

Übrigens ist dies keine gewöhnlich Bruthöhle, so wie der Park von Friedrichstanneck kein Park im üblichen Sinn ist. Er gehört zu Vogelschutzstation Friedrichstanneck, die ganz in der Nähe von Eisenberg liegt. Ihr glaubt gar nicht, wie schön es dort draußen ist und wie interessant. Man sollte im Laufe des Jahres öfter dort sein. Denn jedesmal gibt es etwas Neues. Die Jungen Naturforscher von Eisenberg sind sich darüber längst einig. Deshalb sind sie nicht nur oft draußen bei Dr. Böhme, dem Leiter der Vogelschutzstation, um etwas Lehrreiches zu hören und zu sehen. Sie sind auch seine Helfer geworden. Und dabei lernen sie die Natur immer besser kennen und lieben.

Viele große Aufgaben

Eine Vogelschutzstation hat natürlich ein Unmenge wichtiger Aufgaben zu erfüllen. Es sind Aufgaben, die der Wissenschaft, besonders der Vogelkunde (Ornithologie) und die der Volkswirtschaft – hierbei wieder vor allem der Land- und Forstwirtschaft – dienen sollen. Denn wie nützlich die meisten Vögel sind, das wißt ihr ja. Vertilgen sie doch Unmengen von schädlichen Insekten und gefräßigen Raupen.

Wir schützen sie also, damit sie uns dienen.

Aber dies kann doch nicht der einzige Grund sein? Wir wollen doch Menschen sein, die für alles, was kriecht und fliegt, was lebt und wächst, also für unsere Mitmenschen, für Tiere und Pflanzen, für die gesamte Natur und für alles, was gut und schön ist, ein Herz haben. Also auch für die Vögel! Und wie nötig diese unsere Liebe, unsere Pflege und unseren Schutz haben, das werden wir noch oft hören, wenn wir uns in Friedrichstanneck umsehen.

Gefährliche Nesträuber

Denn unsere gefiederten Freunde sind wirklich großen Gefahren ausgesetzt. Nicht nur durch Feinde aus ihren eigenen Reihen, wie Elster, Eichelhäher, Neuntöter oder Krähe, die mit Vorliebe junge, zarte Vögelchen verspeisen oder etwa das flinke Eichhörnchen, das mit seinem Buschelschwanz so behende von Baum zu Baum steuert und ebenfalls ein gefährlicher Nesträuber ist, sondern vor allem durch die bösen Buben, denen wir unbedingt das Handwerk legen müssen.

Starenkinder in der Spechtkinderstube

Wenn wir einmal als „Hans Guck in die Luft" durch diesen wunderschönen alten Park gehen, dann können wir an den meisten der Bäume, bald am Stamm, bald höher im Geäst Nistkästen entdecken. Aha, das gehört also auch mit zur Arbeit der Station, Nistgelegenheiten zu schaffen, damit das Brutgeschäft gut besorgt werden kann. Und damit kommen wir wieder zu dem alten Apfelbaum, von dem

wir sagten, daß in seinem eine ganz besondere Bruthöhle sei. An und für sich ist es eine tiefe und geräumige Höhle, wie sie der Specht, der geschickte Zimmermann des Waldes zu bauen pflegt. Und seit Jahren hatte Familie Specht auch hier ihre Kinderstube eingerichtet. Im zeitigen Frühjahr dieses Jahres hatte Dr. Böhme den Baum mit einem wohlgetarnten Glasfensterchen versehen, durch das man gerade in den Spechtbau sehen kann, um das Brutgeschäft und die Atzung und das Wachstum der Jungvögel zu beobachten und zu filmen. In diesem Frühling aber war ein Starenpärchen den Spechten zuvor gekommen und hatte sich, da die Stare ja auch Höhlenbrüter sind, häuslich eingerichtet. Dr. Böhme beobachtete und filmte eben nun die jungen Stare durch das Glasfensterchen. Und das war bestimmt genauso interessant und hübsch anzusehen. Besonders niedlich war es immer, wenn einer der Altvögel ein Räupchen oder sonst eine begehrte Leckerei durch das Schlupfloch reichte und die Kleinen ihre Schnäbel weit, weit aufsperrten. Ja, sie sperrten sie sogar auf, als der Doktor einmal ganz vorsichtig um die Ecke seinen kleinen Finger durch das Schlupfloch steckte.

Caruso kann mehr als singen und futtern

Da wir einmal bei der Fütterung der ewig hungrigen Vogelkinder sind, wollen wir gleich noch die Geschichte von Caruso erzählen. Caruso ist eine Singdrossel, im Volksmund auch Zippe genannt, die vor drei Jahren in pflegebedürftigem Zustand in der Vogelschutzstation abgegeben worden war. Der Finder war Meinung gewesen, es sei eine afrikanische Nachtigall, da sie wunderbar sang. Dr. Böhme aber erkannte das Vögelchen als eine Singdrossel. Und da sie alsbald sehr schön zu singen begann, erhielt sie den Namen des berühmten italienischen Sängers Caruso. Doch daß das Kerlchen noch weit mehr konnte als singen und futtern, das sollte sich bald herausstellen, als mit anderen jungen Vögeln auch ein ganz kleiner Trauerfliegenschnäpper zu Pflege in die Station gebracht wurde. Der Kleine war kaum befiedert und sah ganz kläglich aus. Ein rechtes Sorgenkind. Dr. Böhme setzte ihn behutsam in das geräumige Bauer zu Caruso, der Singdrossel. Unruhig flatterte diese hin und her, setzte sich jedoch bald nieder und trippelte beharrlich vor dem jungen Vogel herum, ihn aufmerksam betrachtend. Da sperrte der Kleine das Schnäbelchen weit auf, und eilfertig nahm die Singdrossel Futter auf und stopfte es ihm hinein und fütterte von Stund an. Der Trauerfliegenschnäpper gedieh prächtig unter Carusos Fürsorge und war bald so kräftig, daß er nach erfolg-

reichen Flugversuchen in die Welt hinausfliegen durfte. Inzwischen war aber auch ein Junger Kuckuck nach Friedrichstanneck gebracht worden. Man setzte ihn auch zur Singdrossel, die zunächst von dem neuen Genossen im Käfig gar nichts wissen wollte. Doch nach drei Tagen war der Bann gebrochen, und nun stopfte sie unermüdlich auch in den großen, weitgeöffneten roten Rachen des jungen Kuckucks, was nur hineinwollte. Sie meinte es so gut mit ihm, daß sie ihn beinahe zu fett fütterte. Denn bei den ersten Flugversuchen gelangte er immer nur bis zum nahen Fensterbrett. Doch später, als er längst wieder in Freiheit war, kam er noch lange Zeit regelmäßig zu Caruso und ließ sich gute Bissen zustecken – sehr zur Freude der Jungen Pioniere, die auf diese Art einen lebenden Kuckuck auch einmal in der Nähe sehen konnten. Caruso aber füttert heute noch frei und brav junge, hilfsbedürftige Vögelchen, die in die Station gebracht werden. Denn selbst kann diese Singdrossel nicht wieder hinaus in die freie Natur, da sie zu lange in menschlicher Pflege bleiben mußte. Sie käme draußen um.

Und so würde es allen anderen ständigen Pfleglingen der Station ergehen, die als ganz unerfahrene Jungvögel arg zerzaust hier in Pflege kamen. Im übrigen aber ist Dr. Böhme gar nicht dafür, die Vögel in Käfigen zu halten, soweit dies nicht für Zwecke der Forschung nötig ist. Denn die Vögel gehören der freien Natur. In deren großem Haushalt haben sie ihre ganz bestimmten Aufgaben, die, wie wir ja wissen, für die Menschen gleichfalls von größtem Nutzen sind.

Traurige Geschichten

Ja, von diesen gefiederten Pflegekindern der Vogelschutzstation Friedrichstanneck gibt es viel zu erzählen. Traurige Geschichten sind das. Die meisten von ihnen könnten mit ausgebreiteten Schwingen noch weit über Berg und Tal fliegen, wenn nicht bösen Bubenhände ihnen arg mitgespielt hätten. Seht euch nur die beiden silbergrauen Waldkäuze an, die von Kindesbeinen an in Friedrichstanneck auf dem Balkon hausen. Eng aneinandergeschmiegt sitzen sie da, schauen uns unverwandt mit ihren großen, glänzenden, dunkeln

Knopfaugen an, klappen sie auf und zu, klappern dabei auch leise mit den Schnäbeln und schauen wieder. Dieser Blick aus den großen Vogelaugen macht uns ganz traurig. Als ganz kleine Federbällchen waren sie von Kindern aus dem elterlichen Nest geraubt worden. Die frechen Räuber hatten mit den kleinen, hilflosen Kerlen Fangball gespielt, bis in höchster Not ein Retter kam, der sie an diesen sicheren Ort brachte.

Gleich neben den Waldkäuzen wohn ein kleiner grauer Steinkauz. Von Ästen verdeckt, lugt er aus einer Ecke seines Gehäuses hervor. Er ist ein wenig scheu und der letzte von fünf Geschwistern, die eben- falls von Kindern aus dem Nest genommen wurden. O, es ist ihnen traurig ergangen. Von den Räubern hinter einem Schornsteinschieber im Waschhaus verwahrt, waren vier der kleinen Nachtvögel in der Asche im Schornstein erstickt. Den letzten konnte der schwer erzürnte Vater der Kinder noch retten und in Friedrichstanneck in Pflege geben. Dann ist noch eine Schleiereule da. Ihr taten allerdings die Menschen- kinder nichts zu leide. Als ein Blitz in Apolda in einen Turm einschlug, kam die ganze Eulenfamilie bis auf diesen einen Jungvogel ums Leben.

Ein ganz dickes Buch von Vogelschicksalen könnte Dr. Böhme schreiben. Was kann er allein alles aus den kalten

Wintermonaten des Jahres 1956 berichten. Groß war die Zahl der verklammten Vögel, die ihm von der vogelliebenden Einwohnerschaft rund um Friedrichstanneck gebracht wurden, damit er ihnen aus Lebensgefahr helfe. Die er retten konnte, sind bis auf einen, einen prächtigen Bussard, lange wieder auf und davon – natürlich nicht, ohne vorher beringt worden zu sein. Diesem Bussard hatte die grimmige Kälte ganz schwer zugesetzt. Von einer Eiskruste völlig überzogen, gänzlich erschöpft, war er an der Autobahn gefunden worden. Es bedurfte großer Geduld und vieler Mühe, um ihn wieder aufzutauen und zu kräftigen.

Ja, von der Vogelschutzstation wird im Winter getan, was nur möglich ist, um den Vögeln draußen in der Natur über die schlimme Zeit hinwegzuhelfen. Unzählige Zentner Vogelfutter werden dann in dem von der Station betreuten Naturschutzgebiet ausgestreut. Und dabei helfen die jungen Naturforscher von Eisenberg tüchtig mit.

Jeder bekommt einen Reisepaß

Wir sprachen soeben vom Beringen der Vögel. Nun, ihr kennt es von den Hühnern, daß man ihnen als Kennzeichen einen Ring um ein Bein legt. Ähnlich ist es bei der Vogelberingung. Man will mit Hilfe eines kleinen, fliegengewichtleichten Metallringes dem Vogel ein Erkennungszeichen mitgeben. Man könnte auch sagen, einen Reisepaß. Denn im Ring, der sehr vorsichtig um das zarte Vogelbeinchen gelegt wird, ist die Station bezeichnet, die beringt hat, sowie eine laufende Nummer, die in der betreffenden Station mit der genauen Angabe des Datums und der Vogelart in Listen eingetragen wird. Wird der Vogel dann irgendwo gefunden, meinetwegen in Nordafrika, dann wird dies der Station mitgeteilt, dazu die gemachten Beobachtungen. So kann unter Umständen der Weg eines Vogels auf lange Zeit hinaus beobachtet werden. Und dies ist für die Vogelkunde von großer Bedeutung zur Erforschung des Vogellebens, insbesondere des Vogelzuges. Man kann ergründen, in welchem Maße die Vögel fest an einem Ort halten, also ihre Heimattreue oder den Verbleib der Jungvögel, die Dauer des Miteinanderlebens von Männchen und Weibchen, das Lebensalter der Vögel und noch manches mehr. Während die ringe für die kleinen Piepmätze also sehr klein und fein sind, sind sie für die größeren und großen Vögel, wie Bussarde und Eulenvögel, natürlich entsprechend größer und breiter, jedoch niemals schwer und hinderlich.

Das Beringen ist also auch eine wichtige Aufgabe der Vogelschutzstationen, die hier in der Deutschen Demokratischen Republik alle der Vogelwarte auf der Ostseeinsel Hiddensee als Außenstellen unterstehen.

Fleißige Helfer im Wald

Ganz besonders wichtig für den großen Haushalt der Natur und damit auch für den Haushalt eines Volkes – für seine Wirtschaft also – ist die Pflege des Waldes. Was die Vögel dabei zu tun haben, wissen wir. Aber es gibt noch mehr der fleißigen Helfer. Da ist z. B. frau Waldameise zu nennen, ein unermüdliches Krabbeltier. Sie hat für die Pflege des Waldes ganz große Bedeutung und muß daher in unseren Wäldern geschützt werden. Wie wir bei unserem Streifzug durch den Park von Friedrichstanneck entdeckten, ist unser Vogel-Doktor auch auf diesem Gebiet mit tätig.

Er kann uns einen wichtigen Versuch zeigen – unter einem etwa meterhohen Maschendrahtgehäuse, sicher vor futtersuchenden Vögeln und sonstigen Ameisenfeinden, einen Ameisenhaufen, in dem er aus zwei verschiedenen Ameisenarten eine individuen-reiche zu bilden versucht, die dem Wald besonders nützlich sein soll. Er will diese Art später in dem von ihm betreuten Naturschutzgebiet aussetzen.

Außerdem plant er, die Ameisenbauten in diesem Gebiet ebenfalls mit diesen, in der Erde fest verankerten Drahtgehäusen zu schützen. Dann die nützlichen Tierchen, die den Wald von vielerlei Schädlingen befreien, sind für verschiedene Vogelarten eine willkommene Speise. Besonders der Specht löffelt die Ameiseneier und die Ameisen ganz großer Vorliebe mit seiner langen Zunge. Sie sind ihm eine Delikatesse. Und Reinecke Fuchs liebt es sehr, sich in deinem Ameisenhaufen zu wälzen, um seiner Gesundheit und seinem feuerroten Rock durch den berühmten Ameisenspiritus eine Wohltat angedeihen zu lassen. Und obwohl Frau Waldameise den menschlichen Zweibeinern von so gro0ßem Nutzen ist, hat sie auch unter ihnen viele Feinde. Oder kennt ihr niemanden, dem es ricsigcn Spaß macht, mit einem Stock in einem Ameisenhaufen herumzustöbern, s0 daß die Tierchen in wilder Aufregung auf dem Waldboden durcheinanderrennen? Doch beobachtet einmal, wie unverzagt sie an den Wiederaufbau gehen, sobald die Feindgefahr vorüber ist. Sie sind wirklich von vorbildlichem Fleiß, und wir sollen sie genau so achten, wie alles andere, was uns in Wald und Flur begegnet.

Moritz mit dem Zottelrock

Und nun sind wir bei unserer Entdeckungsfahrt durch den schönen, alten Park mit seinen hohen Bäumen und dichten Büschen, in denen sich unzählige Vogelnester im dichten Laubwerk verbergen, an einem hübschen kleinen Gartenhaus angekommen. Ein richtiges festgemauertes Häuschen mit großen verglasten Fenstern ist es. Die Haustür ist weit geöffnet, jedoch mit einem Maschendrahtgatter versperrt. Wir dürfen nur mit dem Doktor ins Häuschen, um – den großen Uhu Moritz zu besuchen. Der schöne Kerl in dem langen braunen Zottelrock kann nicht mehr fliegen, nachdem er vor etwa fünf Jahren einen Unfall erlitt. Er war gegen einen Eisenbahnzug angeflogen und hatte sich eine Handschwinge abgeschlagen. Die Wunde sah schlimm aus, als der Uhu gefunden wurde. Er stammt übrigens vom Bohlen bei Saalfeld. Wie ein weiser alter Mann schaut er mit ernstem Blick von einem zum anderes. Doch wenn wir ihm zu nahe rücken, geht er in Angriffsstellung über, klappt aufgeregt mit dem Schnabel, plustert sich auf, faucht und tritt unruhig von einem Fuß auf den anderen. Nur der Doktor, sein Freund, kann ihn mit gutem Zuspruch beruhigen. Wenn die Sonne schön warm scheint, sitzt Moritz draußen im Gras, aufgeblockt auf einer Sitzstange – auch Jule genannt – oder er hüpft, mit dem gesunden Flügel schlagend, in großen Sprüngen umher.

Alle helfen mit

Stellt euch vor, in ganz Deutschland gibt es heute nur 50 bis 56 Uhupaare. An der ungeheuren Verminderung dieser nützlichen Großvögel ist auch wieder der Mensch beteiligt,  der ihnen mit der Schußwaffe und mit Fangeisen nachstellte, weil er sie für schädlich hielt. Außerdem ist der Nachwuchs dieser Vögel sehr gering. In der Sächsischen Schweiz z.B. konnte man in 52 Brutjahren nur 21 Junguhus ermitteln. Im Fränkischen Jura schlüpften bei 12 Bruten nur 7 Junge.

Der in früherer Zeit als eulenreich bekannte Thüringer Wald hatte im Jahr 1954 nur noch 10 sicher festgestellte und zwei bis drei fraglichen Uhuhorst-Vorkommen und in Baden-Württem-berg, das vor 50 Jahren noch 50 Brutpaare besaß, gibt es heute nicht eines mehr, nicht einen einzigen Uhu. Müssen wir da Dr. Böhme nicht recht geben und ihn vor allem unterstützen, wenn er fordert, daß Uhuvorkommen geheimgehalten werden müssen, daß in der weiteren Umgebung von Uhurevieren keine Fangeisen aufgestellt werden dürfen, daß jede Störung von Uhuhorsten einschließlich das Fotografieren verboten ist, und daß die Uhureviere regelmäßig von Förstern und Naturschutzbeauftragten überwacht werden sollen?

Moritz lebt nun hier in sicherem Schutz – leider ein Invalid. Aber für die anderen in der freien Natur, und wie gesagt nicht nur für die Uhus, sondern für alles, was kriecht und fliegt, was lebt und wächst, wollen wir uns mit verantwortlich fühlen.

16

Es fing ein Knab' ein Vögelein

Es fing ein Knab' ein Vögelein,
Hm! Hm!
Da lacht' er in den Käfig 'nein
Hm! Hm!
So! So!
Hm! Hm!

Der freut' sich traun so läppisch
Hm! Hm!
Und griff hinein so täppisch,
Hm! Hm!
So! So!
Hm! Hm!

Da flog das Meislein auf ein Haus
Hm! Hm!
Und lacht den dummen Buben aus,
Hm! Hm!
So! So!
Hm! Hm!

Johann Wolfgang von Goethe (1749-1832)

Das Märchen vom guten Mägdelein

Ein Mägdlein streute das Futter gern
Den Vöglein mit gütigen Händen,
wenn Frühling und Sommer gezogen fern,
so hatte sie reichlich zu spenden.
Das Mägdlein aß einen Schwamm im Wald
Und mußte verfärben und sterben,
die Vöglein kamen geflogen bald.
Wir müssen vor Hunger verderben!
Sie flogen an und umklagten das Haus
Und schlugen ans Fenster die Flügel,
doch leider die Gute sah nicht heraus,
es deckte sie drüben der Hügel.
Sie flogen zum Grabe. Was fanden sie dort?
Ein Bäumlein mit köstlichen Beeren.
Sie zehrten das Mahl und zehrten es fort
Und konnten das Bäumlein nicht leeren.
Und als sich genahet der liebliche Mai
Ein blumiges Grab war zu sehen.
Wer trug all die Wurzeln und Keime herbei? –
Das war von den Vögeln geschehen.

Martin Greif (1839 – 1911)

Bei Goldhähnchens

Bei Goldhähnchens war ich jüngst zu Gast!
Sie wohnen im grünen Fichtenpalast
In einem Nestchen klein
Sehr niedlich und sehr fein.

Was hat es gegeben? Schmetterlingsei,
Mückensalat und Gnitzenbrei
Und Käferbraten famos –
Zwei Millimeter groß.

Dann sang uns Vater Goldhähnchen was,
So zierlich klang's wie gesponnenes Glas,
Dann wurden die Kinder besehn:
Sehr niedlich alle zehn!

Dann sagt' ich: »Adieu!« und: »danke sehr!«
Sie sprachen: »Bitte, wir hatten die Ehr',
Und hat uns mächtig gefreut!«
Es sind doch reizende Leut'!

Heinrich Seidel (1842 – 1906)

NATURBEOBACHTUNGEN IN DER STADT

Der Wald änderte sein Gesicht

Wo gibt es eigentlich die Eichhörnchen? Und wo die Amseln, die Dompfaffen, die Eichelhäher, die Elstern? Na, im Wald! Ja, nur da hat es sie einst gegeben. Aber jetzt gibt es sie auch in der Stadt, wenigstens am Rande der Stadt, dann in den schönen Gehölzanlagen der Friedhöfe, bei der Nervenklinik, im Botanischen Arten, im Paradies. Und warum haben sie ihre ursprüngliche Heimat verlassen und haben sich an die Menschen gewöhnt? Da sind großenteils die Leute daran schuld, die am Ausgange des 19. Jahrhunderts über unsere Wälder zu bestimmen hatten. Sie wollten erreichen, daß unsere Wälder dem Staate recht viel Geld einbrächten. Darum sollten aus den Wäldern alle Bäume entfernt werden, die langsam wuchsen, und nur solche Bäume sollten gepflanzt werden, die so schnell wie möglich groß und dick wurden. Langsam aber wuchsen die Eichen und Buchen und manche andere Laubbäume, die auch noch im Walde vorkommen. Der schöne Mischwald verschwand nach und nach, und nur einförmige Fichten- und Kiefernplantagen, wo die Bäume schnurgerade in Reihen standen, bedeckten unsere Thüringer Berge. Wir wollen hier gar nicht davon sprechen, wie sich herausgestellt hat, daß diese einförmigen Wälder eine sehr große Gefahr in sich bergen, weil sie schädlichen Forstinsekten die Verbreitung ungemein erleichtern. Die neuzeitliche Forstwissenschaft hat das auch eingesehen und baut die neuen Wälder wieder so auf, wie die Natur sie hätte entstehen lassen, wenn man ihr nicht ins Handwerk gepfuscht hätte. Ehe das aber wieder recht sichtbar wird, vergehen wohl noch 50 – 60 Jahre.

Ein niedlicher Räuber

Man hatte also die Laubbäume weitgehend aus den Wäldern entfernt. Nun gab es aber draußen keine Eicheln mehr und keine Bucheckern und keine Samen von anderen Laubbäumen. Die Eichhörnchen aber wollen nicht nur von Kiefern- oder Fichtensamen leben.

Da hat einmal so ein Eichkater eine Erkundungsreise unternommen von den Sonnenbergen herunter in die Gärten des Westviertels von Jena. Da gefiel es ihm sehr gut, denn er fand da neben Tannenzapfen auch Beeren, Kirschen und Pflaumen und Haselnüsse und Walnüsse.

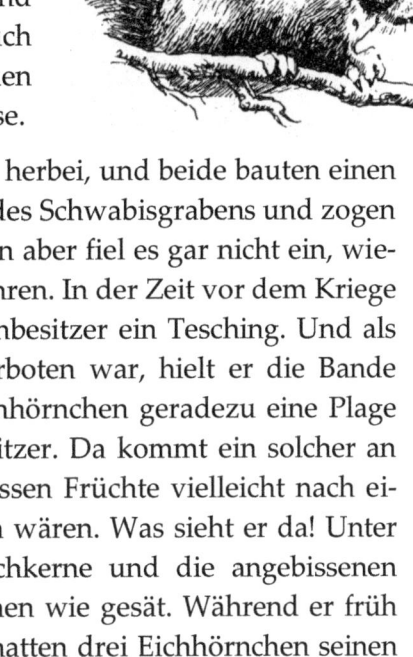

Bald holte er auch seine Frau herbei, und beide bauten einen Kobel in einer großen Esche des Schwabisgrabens und zogen eine Anzahl Junge auf. Diesen aber fiel es gar nicht ein, wieder in den Wald zurückzukehren. In der Zeit vor dem Kriege hatte dieser und jener Gartenbesitzer ein Tesching. Und als das Schießen noch nicht verboten war, hielt er die Bande kurz. Jetzt aber sind die Eichhörnchen geradezu eine Plage geworden für die Gartenbesitzer. Da kommt ein solcher an seinen Süßkirschenbaum, dessen Früchte vielleicht nach einer Woche erntereif gewesen wären. Was sieht er da! Unter dem Baum liegen die Kirschkerne und die angebissenen oder halb gefressenen Kirschen wie gesät. Während er früh noch im Bett gelegen hatte, hatten drei Eichhörnchen seinen Baum geplündert. Und dort steht ein großer Walnußbaum. Der Besitzer will doch die Nüsse erst ernten, wenn sie reif sind und sich halten. Die Eichhörnchen aber fangen früher an, siech die Nüsse zu holen. Da kommen diese roten Ratten mit den buschigen Schwänzen den Baum herabgeeilt. Im Maule haben sie eine Nuß oder gar ein zusammenhängendes Paar, eilen damit in den Schwabisgraben, scharren dort ein Loch und buddeln die Nüsse ein. Anscheinend wollen sie sie dann wieder suchen, wenn es auf dem Baume keine mehr gibt. Es ist ja ganz ausgeschlossen, daß, daß sie auch nur eine widerfinden. Im nächsten Sommer aber kann man da oder dort einen jungen Nußbaum finden, der aus vergrabenen Nüssen aufgegangen ist. Andere Eichhörnchen bringen die Nüsse und anderen Raub auch in einen Vorratskoben, den sie sich irgendwo gebaut haben. Auch Singvogelnester plündern die Eichkätzchen und fressen die Eier und sogar die jungen Vögel. Wenn man Spaziergänger den flinken und gewandten Eichhörnchen bei ihren Kletterkünsten und gro-ßen Sprüngen zusehen und sich daran erfreuen, so müssen wir doch an das große Sündenregister denken, das bei uns für die Eichhörnchen in den Gärten besteht.

Freund Stacheltier

Dem Eichhörnchen gegenüber beobachtete ich ein Tier, dem ich Freund sein muß. Ich sitze in der Laube, die einen Bret-terfußboden hat, unter dem Höhlungen sind. Der Vollmond ist im Aufgehen. Da entsteht ein leises Grunzen und Murk-sen unter dem Fußboden, und da ich mich still verhalte, kommt er bald hervorgekrochen, mein Freund, der Igel. Zu-nächst trippelt er dem Komposthaufen zu. Sicher hat er schon gerochen, daß dort der Abfalleimer aus der Küche ausgeschüttet worden ist, und Köpfe und anderer Abfall von Bücklingen und derartige Sachen sind immer noch erstre-benswert für den Igel. Plötzlich verhält er sich ganz ruhig,

um dann mit einem schnellen Sprung, den man dem Stachelmann gar nicht zugetraut hätte, etwas zu erwischen. Ein angstvolles Quieken verrät, daß er eine Maus gepackt hat, die er nun verspeist, um sich hernach auf die Schneckensuche zwischen die Salatstauden zu begeben. Wenn man sich ganz ruhig verhält und Glück hat, erlebt man es vielleicht auch, daß die Igelin erscheint, und hinter ihr zuckeln vier oder fünf Stachelbällchen her. Manchmal rennen sie ihre Mutter zu, wenn sie etwas für die Kleinen gefunden hat und sie lockt. Dann gehen sie wieder ihre eigenen Wege, die aber nicht weit von der Mutter fortführen. Auch bei Tage sah ich den Igelvater am Komposthaufen. Da hatte er eine große böse Wunde auf dem Rücken. Sicher hatte ein unvernünftiger Mensch in seiner Dummheit das nützliche Tier totschlagen sollen oder hat es durch einen schlimmen Steinwurf verletzt.

Ein gefiederter Räuber

Beim Plündern meines Nußbaumes hatten dieses Jahr die Eichhörnchen Konkurrenten bekommen. Mein Haus und Garten liegen ganz am Rande der Stadt am oberen Steiger.

Es war gegen Ende September, da sagte mir eines Morgens ein Nachbar: „Als ich heute früh um sechs Uhr zum Fenster hinausschaute, waren gleich drei Eichelhäher auf Ihrem Nußbaum. Jeder mit einer Nuß im Schnabel flogen sie rätschend dem Walde zu."

Also sogar der Eichelhäher, dieser außerordentlich scheue Vogel, kommt in die Stadt herein, wahrscheinlich nicht nur, um sich Leckerbissen zu holen, sondern weil er draußen nicht mehr genug Nahrung findet.

Aber noch böseres macht er. Ein Finkennest war im Garten auf einer kleinen Fichte. Freilich stand es recht offen da. Die Finklein waren ausgekrochen. Da bemerkte ich eines Nachmittags eine große Aufregung unter den Vögeln im Garten. Ein Eichelhäher stieß herein. Ehe ich wußte, was er wollte, hatte er das Finkennest ausgeraubt und verschwand wieder in den benachbarten Bäumen. Ein Amselpaar folgte ihm schimpfend nach. Wahrscheinlich hatte er kurz zuvor auch dessen Nest geplündert.

An einem anderen Tag schaue ich zum Fenster hinaus in den Garten. Was ist dort auf dem Komposthaufen, wo Küchenabfälle ausgeschüttet worden waren. Sind das etwa schwarzweiße Tauben, die den Abfall durchsuchen? Nein, zwei Elstern suchen sich das aus, was für sie noch brauchbar ist.

Wenn sie nichts Schlimmeres anrichten, dann brauchte man sie ja nicht zu verscheuchen. Wenn sie sich aber über ein Erdbeerbeet mit reifen Früchten hermachen und als zweites Gericht den frisch gepflanzten Salat eines Beetes ausreißen und verschlingen, dann hört die Gemütlichkeit auf.

Ein Vogel, der das Singen verlernte

Gar nicht erbaut bin ich auch von den schwarzen Gesellen, die da durch die Hecken huschen und wenn man sie aufscheucht, tscheckernd auf Bäume fliegen, die schwarzen Amseln.

Sie wohnten früher nur im Walde, wie Eichelhäher und Elster jetzt noch. Aber seit etwa 60 Jahren haben die damals lebenden Amseln den Wald ganz verlassen und haben sich in Gärten und Hecken eingenistet, oder sie bauen ihre Nester auch an die Häuser der Menschen in Wein- oder Obstspaliere oder hinter Dachrinnen oder in geeignete Winkel unter Dächern.

Wie die Amseln dadurch, daß sie sich ihr Leben leicht machten, indem sie sich in den Gärten einnisteten, von ihrer frischen Natürlichkeit viel eingebüßt haben, oder, wie der Wissenschaftler sagt, degeneriert sind, das kann man am besten an ihrem Gesang feststellen.

Auf dem Thüringer Wald gibt es die Amseln noch im Walde, und da ist es ein Genuß, ihrem flötenden Gesang zu lauschen, wenn man morgens oder abends durch den Wald geht. Wenn aber bei uns ein gelbschnäbeliger Amselhahn auf einem Baume sitzt und, um sein brütendes Weibchen zu unterhalten, zu singen anfängt, da können wir nur den Kopf schütteln über das kümmerliche Zirpsen und die paar kratzenden Töne, die da noch aus der Kehle zum Vorschein kommen. Und wie brandschatzen die Amseln die Johannisbeeren und die Weintrauben und die Kirschen, wenn man sie gewähren läßt! Ich habe es erlebt, daß die Amseln in meinem Garten in wenigen Tagen, während ich verreist war, zwei große Johannisbeerbüsche, die dick voll Beeren hingen, restlos abgeleert hatten, und einen Teil der Weintrauben hatte ich nur dadurch retten können, daß ich sie in Säckchen aus alten Gardinen gesteckt hatte.

Ist im Sommer ein warmer Regen gefallen, dann wollen viele Regenwürmer auch einmal an die Oberwelt kommen und kriechen aus der Erde. Gleich sind die Amseln da, packen die Regenwürmer und ziehen sie vollends heraus aus der Erde oder reiß sie ab und verschlingen sie. Aber die Regenwürmer brauchen wir doch in der Erde, weil sie dort sehr nützlich sind. Die Amseln haben also ein großes Sündenregister, das auch dadurch nicht viel kleiner wird, daß sie im Sommer, 'wenn sie ihre Jungen atzen, vielleicht auch einige schädlichen Raupen vom Kohl ablesen und vernichten.

Ein schöner Gast

Nicht selten kommt im Frühling noch ein schön gefiederter Gast aus dem Walde in die Gärten am Rande der Stadt. Fast in der Größe der Amseln kommt ein Pärchen angeflogen und läßt sich auf nicht hohen Ästen von Obstbäumen nieder. Erst sichern sie nach allen Seiten, ob sie auch nicht in Gefahr sind.

Da sitzt das Männchen in seinem sehr schmucken Kleide, der zinnoberroten Brust, einem schwarzen Käppchen auf dem Kopfe, grauem Untergefieder und blau- und schwarzgefärbten Flügeln. So ist es einer unserer schönst- gefärbten Vögel. Aber ich lasse mich durch die bunten Farben nicht täuschen und werfe eine Handvoll Erde nach dem Besuch.

Täte ich das nicht und ließe sie gewähren, dann machte er sich bald über die Blütenknospen der Johannisbeerbüsche und auch der Kirschbäume her, um sie zu schnabulieren. Und der Johannisbeeren und Kirschen gäbe es dann im Sommer um so weniger, je länger ich die Dompfaffen bei ihrer Knospenmahlzeit gelassen hätte. Ich habe auch schon beobachtet, daß ein Dompfaffenpaar in einem benachbarten Garten genistet hat und sich damit dem Walde ganz entfremdet hatte. Haben wir bisher von einigen ehemaligen Waldbewohnern gehört, die wir jetzt in der Stadt beobachten können, und zwar mit gemischten Gefühlen, so treffen wir doch auch andere Vögel, die unsere Zuneigung verdienen.

Ein verkannter Freund

Wenn im Frühling die Sonne hinter dem Forst untergegangen ist und es schon dämmert und die Venus am Westhimmel strahlt, da höre ich aus den Bäumen der Friedhöfe nicht selten eine Stimme hallen. „Kuhuu" schallt es, die zweite Silbe mit höherem Ton als die erste, oder auch „Kuwitt". Von einem Steinkauz kommt es, der in einem Astwinkel eines alten Baumes sitzt oder auch in einem Winkel unter einem Dach eines Hauses der Nervenklinik. Er hat Sehnsucht nach seinem Weibchen. In der Jenaer Landschaft waren diese Vögel früher wahrscheinlich viel zahlreicher anzutreffen, als es sie jetzt noch gibt. Die Klüfte und Löcher in den Muschelkalkfelsen der Berge boten ihnen Schlupfwinkel und Brutstätten, und der dem Landgrafen benachbarte felsige Hang der „Eule" hat sicher seinen Namen von den dort vielfach wohnenden Käuzchen und anderen Eulen erhalten. Es ist natürlich Unsinn, wenn abergläubische Menschen behaupten, die Käuze riefen „Kommt mit!", nämlich in den Tod. Die Käuze und Eulen sind sehr nützlich, und wo ein Paar horstet und Junge aufzieht, da kommen in naher und weiterer Umgebung des Nestes keine Mäuse oder Ratten auf. Sie werden alle von den Käuzen gefangen und verspeist.

Der Platz an der Futterkrippe

In meinem Futterhäuschen vor dem Fenster ist im Winter großes Gedränge, bei dem es nicht selten zu Balgereien kommt, in denen immer das Recht des Stärkeren entscheidet. Manchmal ist ein großes Geflatter zu beobachten, indem die kleineren Vögel sich gar nicht herangetrauen ans Futter. Eine breit aufgeplusterte Amsel hat sich festgesetzt und läßt sich die Haferflocken schmecken bis zum letzten Rest. Aber ich lasse sie nicht dabei, denn ich bin ihr nicht gut, wie ich ja schon erzählt habe. Sie wird fortgejagt. Und dann kommt das andere Gewimmel herbei. Meist sind es ja Meisen:

28

Kohlmeisen, Blaumeisen, Tannenmeisen, Schwanzmeisen oder Pfannenstielchen, Baumläufer und Kleiber rutschen heran, Zeisige, Buchfinken, Grünfinken, Emmerlinge kommen, ab und zu auch einmal eine Goldammer oder ein Girlitz. Spatzen kommen zu mir nicht. Sie sind ja in der Stadt überhaupt recht selten geworden, weil es da nur noch sehr wenig Pferde gibt, die ab und zu etwas für die Spatzen fallen lassen. Wenn die genannten Vögel am Abend allermeist nicht mehr kommen, weil sie schon ihre Nachtquartiere aufgesucht haben, da erscheint meist noch das Rotkehlchen, um sie an Haferflocken gütlich zu tun.

Schon viele Jahre habe ich Rotkehlchen in meinem Garten, die im benachbarten Gestrüpp ein sicher sehr verborgenes Plätzchen für ihr Nest gefunden haben. An den Vormittagen im Sommer und dann an den Abenden erfreut mich der leise Gesang des Männchens, womit es seinem brütenden Weibchen seine Nähe und treue Anhänglichkeit verkündet.

Und wenn ich im Garten grabe, dann habe ich meist hoch nicht viel Spatenstiche getan, da ist es auch schon da auf der umgestürzten Erde und schaut mich mit seinen schwarzen Äuglein an und knixt zierlich mit den Beinen, als wollte es um Erlaubnis bitten, sich in der frischen Erde einen Engerling suchen zu dürfen.

Familienglück

Die vielen Besucher des Futterhäuschens gehen natürlich im Frühling in Wald und Flur zurück. Und das ist recht so. Aber dieses oder jenes Kohl- oder Blaumeisenpärchen hatte doch so Gefallen an meinem Garten gefunden, daß es auch im Sommer da blieb, ein Nest baute und Kinderchen aufzog. So hatte es im vorigen Sommer ein Kohlmeisenpaar gemacht. In einem Loch unter den Dachziegeln hatte es einen günstigen Platz für sein Nest gefunden. Für Eichhörnchen, Katzen und Eichelhäher war das Nest nicht zu erspähen und nicht zugänglich. Zwölf Kohlmeislein wurden dort groß. Und es war ein lieblicher Anblick, als sie schon flügge und ausgeflogen auf einem Ast eines Apfelbaumes saßen, aufgereiht wie Kugeln auf einer Schnur. Die Alten aber turnten durch den Baum und suchten jedes Blatt gründlich ab nach raupen und Larven aller Art, die sie dann ihren Jungen brachten.

Kam dann so ein Elternteil angeflogen mit einem Schnabel voll Futter, dann sperrten alle Jungen gierend die Schnäbel auf; jedes wollte den größten Hunger markieren. Aber die Alten ließen sich nicht täuschen, jedes Kind kam zu seinem Rechte.

30

Vor Jahren waren die vielen Eschen im Schwabisgraben neben meinem Garten von unten bis oben verseucht von der halbkugeligen Pflaumenschildlaus. Alle Zweige saßen dick voll. Das Ungeziefer hatte auch meinen Garten überflutet und sich auf Sträuchern und Bäumen und Weinreben festgesetzt. Und nun konnte ich beobachten, wie die durch das Futterhäuschen angelockten Meisen eifrig pickend um die Zweige der Bäume turnten. Ein Jahr später war von den vielen Millionen Schildläusen nicht eine mehr zu sehen.

Eine Künstlerin der Natur

Im Winkel zwischen Erker und Hauswand unterm Dach sehe ich im August ein großes Netz einer Kreuzspinne aufgezogen. So groß wie das Rad eines Handwagens ist es. Durch ein Anzahl trag- und Spannseile, die weithin laufen, ist es verankert. Untadelig ist das Meisterwerk gebildet. In seiner Mitte thront die Künstlerin, die es zu schaffen verstand.

Als ob ein Schreck ihren Körper durchführe, zuckt sie auf, wenn nur eine leise Berührung den Rand des Netzes trifft. Da ist wirklich eine Wespe unvorsichtig gewesen und hat sich im Netz gefangen. Im Nu schießt die Spinne auf den Fang zu, kurz zuvor Halt machend und feststellend, ob nicht ihr Gefahr droht von dem Eindringling ins Netz. Die Wespe sucht sich mit allen ihren Kräften freizumachen von den klebrigen Fäden. Da stürzt die Spinne weiter vor und wirft Faden über faden als Haltetaue über ihre sich wild gebärdende Beute. Aber kann schon erkennen, wie deren Kampfbewegungen um ihr Leben matter werden. Plötzlich ist die Spinne mit ihren langen Beinen über ihr, packt die Wespe und dreht sie ganz schnell um sich selbst, dabei fortgesetzt einen Faden um den Körper des Opfers wickeln, so daß der ganz hilflos wird. Es fällt uns aber auf, wie sich die Spinne vorsichtig vor dem noch drohenden Stachel der Wespe sichert. Nachdem ihr kaum noch Gefahr droht, schlägt die Spinne mit einem Biß ihre Kiefer in ihr Opfer, wobei ein Gift, das dieses erstarren macht und schließlich tötet, in die Wunde dringt. Nach ihrem Sieg ruht sich die Spinne erst eine Weile aus, bevor sie beginnt, ihr Opfer auszusaugen. Sie wird nicht an einem Tag damit fertig. Bei einer späteren Nachschau sehen wir nur noch die Flügel, die unteren Teile der Beine und einige sonstige Chitinstücke aus dem Panzer der Wespe im Netz hängen. Wie sie uns von dieser Wespe befreite, so befreit uns die Kreuzspinne von unzähligen Schnaken, Mücken, Fliegen und anderen Plagegeistern. Und wenn es dann auf den Herbst zugeht und Nebel sich zu unzähligen winzigen Wassertröpfchen verdichtet hat, die in den vielen Sinnennetzen hängen, die auf Büschen zwischen den Zweigen oder zwischen Gashalmen aufgespannt sind, und die Sonne geht auf, und ihr Licht zaubert Millionen Diamanten in den Wassertröpfchen der Spinnennetze oder den Tautropfen auf dem Grase hervor, so gewährt uns der Anblick diese Gefunkels höchste Farbenreize und Wohlgefallen.

Lichtgefunkel in der Nacht

Schließlich gibt es noch ein anderes Schauspiel aus dem Reiche der Insekten, das uns bei unserer Naturbeobachtung am Rande der Stadt im Jahreslauf Genuß und Freude bereitet. Ende Juni und Anfang Juli pflegt es abzurollen, am besten an Tagen mit bedecktem Himmel, an denen etwas warmer Regen niedergegangen ist. Wir sitzen am Abend im Garten. Die Dämmerung ist eingetreten. Da steigt aus den Stachelbeerbüschen ein weiß leuchtender funke auf und zieht in drei bis vier Meter Höhe über den Garten dahin, Schleifen und Kurven bildend. Da vom Zaun her kommt ein zweiter dazu. Aus dem feuchten Gebüsch des Schwabisgrabens kommen mehrere, so daß zuweilen sechs oder acht oder noch mehr in weiterem Umkreis durch die Luft schweben. Johanniskäferchen sind es oder Glühwürmchen, wie man wohl auch sagt. Wie eine Stubenfliege sehen sie aus und haben deren Größe, wenn wir etwa eins fangen würden, was bei ihrem langsamen Flug gar nicht schwer wäre. Aber es sind keine Fliegen, sondern Weichflügelkäfer. Bei näherem Betrachten schimmert ihr Hinterleib gelblich-weiß. Von ihm geht das Leuchten aus. Eine winzige Glühbirne stellt er dar. Die Tierchen bringen mit einer minimalen Strommenge eine Leuchtkraft hervor, wie sie die Menschen in etwaiger Nachahmung auch nicht im entferntesten fertigbringen würden. Mit Entzücken schauen wir dem Lichtgefunkel in der abendlichen Luft zu. Manchmal neigt sich der oder jener Funke dem Boden zu, verschwindet zwischen den Himbeerstauden oder den Stachelbeerbüschen, kommt aber dann wieder. Unzweifelhaft suchen sie etwas. Wir betrachten aufmerksamer den Boden. Richtig, da leuchtet ja auch etwas auf, und zwar größer und stärker als die Lämpchen in der Luft. In der Luft, das sind die Männchen des Käfers, und am Boden im Gras, am Zaun, unter einem Pfingstrosenbusch liegen die Weibchen. Sie haben das Aussehen einer Assel und können nicht fliegen. Wahrscheinlich schicken sie nicht nur starken Leuchten aus, sondern auch gewisse Duftstoffe, die wir mit unseren groben Sinnesorganen in keiner Weise, die aber die Männchen in der Luft wahrzunehmen imstande sind. Da kommt so ein Männchen geflogen und zieht erst weite, dann immer engere Kreise um einen Pfingstrosenbusch, unter dem so ein leuchtendes Weibchen an einem Erdbröckchen liegt. Auf einmal läßt sich das Männchen herabfallen unter den Busch. Beide haben sich gefunden, und im Augenblick des Findens erlischt das Leuchten bei beiden. Unsere Bewunderung einer solchen Einrichtung der Natur kann nur aufs Höchste steigen. Wie ist alles doch weislich eingerichtet!

INHALT

Titelbild und Illustrationen: Gerhard Burger.